EMG3-0115
合唱楽譜<J-POP>

J-POP
CHORUS PIECE

合唱で歌いたい！ J-POPコーラスピース

混声3部合唱

愛唄

(GReeeeN)

作詞・作曲：GReeeeN　合唱編曲：奥田悌三

JN219792

●●● 演奏のポイント ●●●

♪テンポ感を大事に歌いましょう。特に細かいリズムはよく揃うように、言葉のアクセントを意識して歌うように心掛けましょう。

♪ハミングは、力まず柔らかい響きで歌いましょう。地声で無理に歌ったり喉で押したりせず、息を上手に流してフレーズに膨らみを持たせましょう。

♪後半に掛け合いが出てきます。他のパートをよく聴いてタイミングをしっかり合わせましょう。歌詞と共に音楽が高まっていくのを感じ取りながら、感情を込めて歌いましょう。

♪ピアノ伴奏は、16分音符が滑らないように気をつけて弾きましょう。またその際、タッチの強弱がバラバラにならないよう、スムーズに弾きましょう。

【この楽譜は、旧商品『愛唄〔混声3部合唱〕』(品番：EME-C3101)とアレンジ内容に変更はありません。】

ELEVATO
MUSIC ENTERTAINMENT

愛唄

作詞・作曲:GReeeeN　合唱編曲:奥田悌三

8
このことば いがーい つたえ ることがで きなーい
ー い け どねー だけ ど このことば いがーい つたえ ることがで きなーい ほら
このことば いがーい つたえ ることがで きなーい
Cm7 F7sus4 B♭ E♭ D7 Gm7
11
mf
B
きみの えらんだミ
ね！またバカー にしてわら ーったよねー Hum. ミ
Hum. Hum. ミ
E♭ B♭/D Cm7 F7sus4 B Gm Dm
14
チはココで よかーっ たのか？なんて わから
チはココで よかーっ たのか？なんて Hum..
チはココで よかーっ たのか？なんて Hum..
E♭ B♭ Gm Dm E♭

17
f
C
ないけどただないてわらーってすごすひびにーとなりにたーってい
ただないてわらーってすごすひびにーとなりにたーってい
ただないてわらーってすごすひびにーとなりにたーってい
E♭m6 F7 C Gm E♭ F B♭ F/A Gm E♭
21
れることでーぼくがいきーるいみになってーきみにささーぐこの
れることでーぼくがいきーるいみになってーきみにささーぐこの
れることでーぼくがいきーるいみになってーきみにささーぐこの
F F/A B♭ F/A Gm E♭ F B♭ F/A Gm Gm/F
25
あいのうたー
あいのうたー
あいのうたー
C7/E F Gm E♭ F B♭ Dm/A Gm E♭
mf

29
D
mp
はじ め て あ ったー ひ に よそ
mp
「ねえ あのひのぼ くらー なんの はなしをし てた?」ー
F F7 B♭ D B♭/D E♭ Dm7 Gm7 E♭ B♭/D
mp
33
mf
あれから いろいろあ ってー ときに はケンカも してー わか
mf
ーよ そ し くー あれから いろいろあ ってー ときに はケンカも してー
mp
Ah
Cm7 F7 B♭ E♭ D7 Gm
mf
36
り あ う ためー の ト キ す ー ご し た ね こ の ひ ろ い
こ の ひ ろ い ぼ く ら
Uh
こ の
E♭ B♭/D Cm7 F7 Gm Dm

39
そ ら の し た ぼ く ら こ い を し て
そ ら の し た で あ ーっ て こ い を し て い
そ ら の し た ぼ く ら で あーっ て こ い を し て Hum..
E♭ B♭ Gm Dm E♭
42
f
E
ー た だ な い て わ ら ーっ て す ご す ひ び にー と な り に たー っ て い
つ ま で も た だ な い て わ ら ーっ て す ご す ひ び にー と な り に たー っ て い
た だ な い て わ ら ーっ て す ご す ひ び にー と な り に たー っ て い
E♭m6 F E Gm E♭ F F7 B♭ F/A Gm E♭
46
れ る こ と でー き み と い き ー る い み に な っ てー き み に さ さ ー ぐ こ の
れ る こ と でー き み と い き ー る い み に な っ てー き み に さ さ ー ぐ こ の
れ る こ と でー き み と い き ー る い み に な っ てー き み に さ さ ー ぐ こ の
F F7/A B♭ F/A Gm E♭ F F7 B♭ F/A Gm Gm/F

50
ff
F
あ い の うた ー　い　つもめいわくをかけてゴメンネ　Hum.　ぼ
ff
あ い の うた ー　Hum.　み　つどこいじかんをすごしたね
あ い の うた ー
C7/E　F　F　E♭　F　Dm　Gm
ff
53
く ら ふ た り　つ　く り あ げ て き た お も い つ の り　Lu　lu　lu
ひ び を き ざ み　つ　く り あ げ て き た お も い つ の り　Lu　lu　lu
ff
Hum.　ヘ　タクソなうたをきみにおくろう　「め
E♭　F　D7/F♯　Gm　E♭　F
56
f
lu　lu　lu　こ れ か ら も き み の ー　ぼ
lu　lu　lu　こ れ か ら も き み の ー　て を に ぎ っ て る よ ー
ちゃくちゃすきだ!」とかみにちかおう　こ れ か ら も き み の ー　て を に ぎ っ て る よ ー
Dm　Gm　E♭　E♭m6　Fsus4

59
G
mf
くのこえーがつづくかぎりーとなりでずーっとあいをうたーうよ
f
mp
ーーつづくかぎりーーと
mf
ーーとなりでずーっとあいをうたう
G
Gm E♭ F B♭ Gm E♭ F B♭
f
mf
63
p
f
ーーHum.ただ
p
pp
f
しをとーってこえがかれてーきたらずーっとてをにぎるよーただ
mp
f
よーHum.ただ
Gm E♭ F B♭ Gm Gm7/F C7/E F
p
pp
f
67
H
アリガトウーじゃつたえきれなーいなきわらい(と)かなしみよろこびを
アリガトウーじゃつたえきれなーいなきわらい(と)かなしみよろこびを
アリガトウーじゃつたえきれなーいなきわらい(と)かなしみよろこびを
H
Gm E♭ F F7 B♭ F/A Gm E♭

70
ff
ともにわかちあいいきていこう いくつもーの よるをよるをーこえて ぼくはー きみとーあ
ともにわかちあいいきていこう いーくつも のよるを こえてー ぼくはー きみとーあ
ともにわかちあいいきていこう いくつもーの よるをこえてー ぼくはー きみとー あ
F F7/A B♭ F/A Gm E♭ F F7 B♭ F/A Gm Gm/F
74
I
いをうたおうー ー ー
いをうたおうー ー ー
いをうたおうー ー ー
C7/E F I Gm E♭ F B♭ Dm/A Gm E♭
mf
78
rit.
F F7 B♭ Gm E♭ F B♭ F/A Gm E♭ F F7 B♭
mp

MEMO

ELEVATO
MUSIC ENTERTAINMENT

愛唄（GReeeeN）

作詞：GReeeeN

「ねえ、大好きな君へ」笑わないで聞いてくれ
「愛してる」だなんてクサいけどね
だけど　この言葉以外　伝える事が出来ない
ほらね！またバカにして笑ったよね

君の選んだ人生《ミチ》は僕《ココ》で良かったのか？なんて　分からないけど、、、

ただ　泣いて　笑って　過ごす日々に
隣に立って　居れることで
僕が生きる　意味になって
君に捧ぐ　この愛の唄

「ねえ、あの日の僕ら何の話をしてた？」
初めて逢った日に　よそよそしく
あれから色々あって　時にはケンカもして
解りあうためのトキ過ごしたね

この広い僕ら空の下　出逢って恋をしていつまでも

ただ　泣いて　笑って　過ごす日々に
隣に立って　居れることで
君と生きる　意味になって
君に捧ぐ　この愛の唄

いつも迷惑をかけてゴメンネ
密度濃い時間を過ごしたね
僕ら２人　日々を刻み
作り上げてきた想いつのり
ヘタクソな唄を君に贈ろう
「めちゃくちゃ好きだ！」と神に誓おう
これからも君の手を握ってるよ

僕の声が　続く限り
隣でずっと　愛を唄うよ
歳をとって　声が枯れてきたら
ずっと　手を握るよ

ただアリガトウじゃ　伝えきれない
泣き笑いと悲しみ喜びを共に分かち合い生きて行こう
いくつもの　夜を越えて
僕は君と　愛を唄おう

ELEVATO
MUSIC ENTERTAINMENT

エレヴァートミュージックエンターテイメントはウィンズスコアが
展開する「合唱楽譜・器楽系楽譜」を中心とした専門レーベルです。

ご注文について

エレヴァートミュージックエンターテイメントの商品は全国の楽器店、ならびに書店にてお求めになれますが、店頭でのご購入が困難な場合、下記PC＆モバイルサイト・FAX・電話からのご注文で、直接ご購入が可能です。

◎PCサイト＆モバイルサイトでのご注文方法

http://elevato-music.com

上記のアドレスへアクセスし、WEBショップにてご注文ください。

◎FAXでのご注文方法

FAX.03-6809-0594

24時間、ご注文を承ります。上記PCサイトよりFAXご注文用紙をダウンロードし、
印刷、ご記入の上ご送信ください。

◎お電話でのご注文方法

TEL.0120-713-771

営業時間内に電話いただければ、電話にてご注文を承ります。